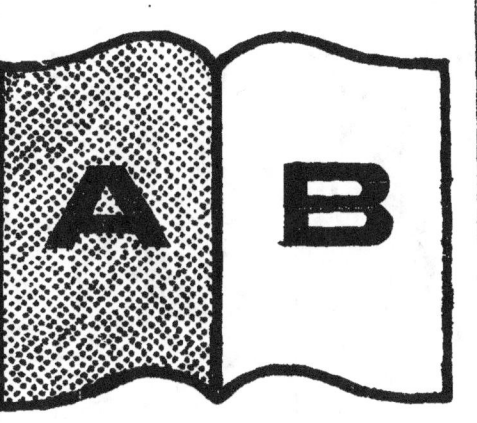

Contraste insuffisant
NF Z 43-120-14

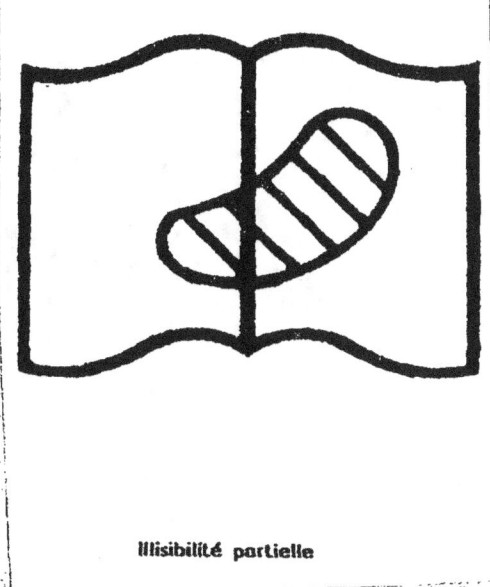

Illisibilité partielle

Valable pour tout ou partie
du document reproduit

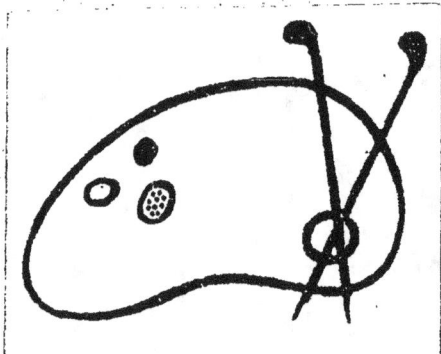

Couvertures supérieure et inférieure en couleur

LA « BOURSE » DE LILLE

PAR

L. QUARRÉ-REYBOURBON

OFFICIER D'ACADÉMIE

MEMBRE DE LA COMMISSION HISTORIQUE DU DÉPARTEMENT DU NORD
DE LA SOCIÉTÉ DES SCIENCES ET ARTS DE LILLE, ETC.

PARIS

TYPOGRAPHIE DE E. PLON, NOURRIT ET Cie

RUE GARANCIÈRE, 8

1892

PARIS

TYPOGRAPHIE DE E. PLON, NOURRIT ET Cie,
Rue Garancière, 8.

LA

« BOURSE » DE LILLE

Ce mémoire a été lu à la réunion des Sociétés des Beaux-Arts des départements, tenue dans l'hémicycle de l'École des Beaux-Arts, à Paris, le 7 juin 1892.

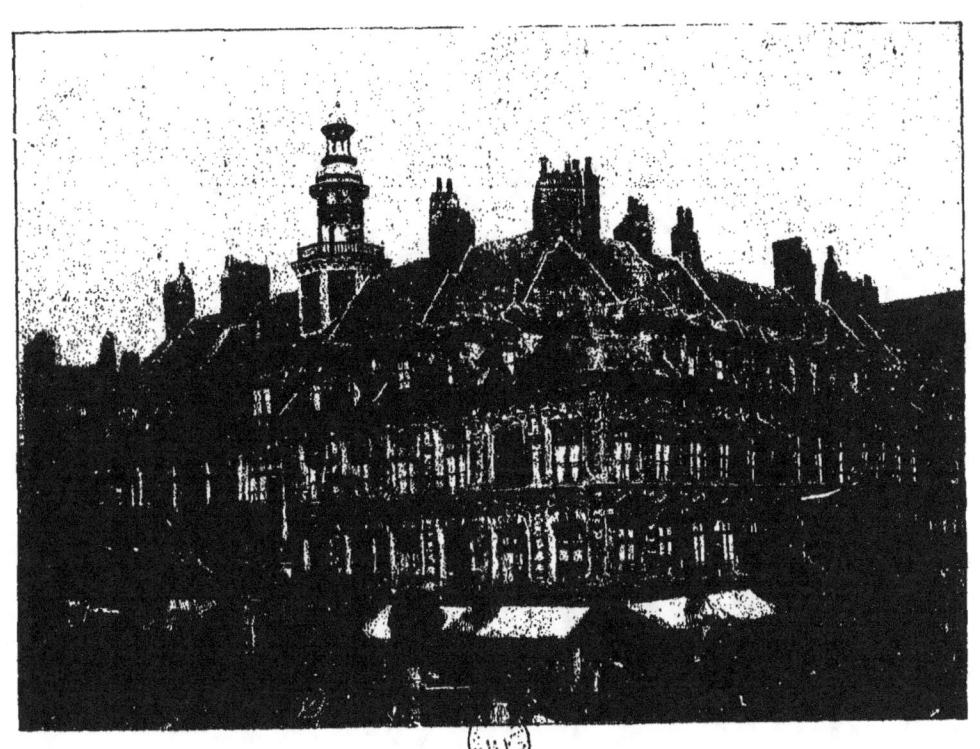
BOURSE DE LILLE

LA

« BOURSE » DE LILLE

PAR

L. QUARRÉ-REYBOURBON

OFFICIER D'ACADÉMIE

MEMBRE DE LA COMMISSION HISTORIQUE DU DÉPARTEMENT DU NORD
DE LA SOCIÉTÉ DES SCIENCES ET ARTS DE LILLE, ETC.

PARIS
TYPOGRAPHIE DE E. PLON, NOURRIT ET Cie
RUE GARANCIÈRE, 8

1892

LA
« BOURSE » DE LILLE

Dans son important ouvrage sur la *Renaissance en France,* M. Léon Palustre dit, au sujet de la « Bourse de Lille » : « Plusieurs siècles se sont écoulés, depuis que ce monument est devenu le principal ornement de la ville de Lille, et rien ne nous empêche encore aujourd'hui d'en saisir la robuste élégance. Le rez-de-chaussée, jadis si sévèrement décoré avec son appareil de bossages, ses tympans semi-circulaires et ses irrégularités voulues, a été, il est vrai, défiguré; et il en est de même de la toiture devenue veuve de ses importantes têtes de cheminée sobrement sculptées. Mais tout le reste de l'édifice est aussi complet que le premier jour; et l'on peut admirer à son aise la riche et sévère ornementation des deux étages supérieurs...Ce chef-d'œuvre est l'un des plus remarquables, à tous égards, de l'architecture flamande[1].

« Difficilement trouverions-nous ailleurs une plus grande habileté de composition, une aussi parfaite entente des effets décoratifs. L'artiste a su éviter à la fois la lourdeur et la sécheresse, deux défauts qui marchent souvent côte à côte[2]. »

Nous avons cru devoir reproduire en tête de notre travail les lignes qui précèdent, dans lesquelles le savant auteur de la *Renaissance en France* a fait ressortir, avec l'autorité qui s'attache à ses appréciations, le caractère artistique de la Bourse de Lille. Ce témoignage suffira pour faire comprendre à nos lecteurs que le monument mérite les recherches que nous lui avons consacrées, et qu'il est digne d'être étudié non seulement au point de vue local, mais aussi sous le rapport de l'histoire de l'architecture en général.

---

[1] Voir la planche ci-contre.
[2] L. Palustre, *la Renaissance en France.* Paris, Quantin, 1879, p. 7.

Ce travail sera divisé en quatre parties : 1° circonstances et conditions dans lesquelles la Bourse a été construite ; 2° étude descriptive de ce monument ; 3° son architecte et ses rapports avec d'autres édifices ; 4° la Bourse dans notre siècle.

I

CIRCONSTANCES ET CONDITIONS DANS LESQUELLES LA BOURSE A ÉTÉ CONSTRUITE.

Durant la première partie du dix-septième siècle, sous la domination des archiducs Albert et Isabelle, Lille était plus encore qu'auparavant une cité riche et florissante. De 1603 à 1605, un premier agrandissement de la ville avait été opéré ; il y en eut un second en 1617. Le commerce et l'industrie s'y étaient considérablement développés. On y teignait et fabriquait des étoffes légères et élégantes désignées sous les noms : de *sayettes*, tissus en pure laine de couleurs variées ; de *tripes de velours*, tissus unis ou à dessins, et de *bourettes*, tissus de laine et de soie mélangées ; cette industrie occupait environ vingt mille personnes. Lille était en outre le centre d'un commerce considérable d'huiles à brûler, que l'on obtenait à l'aide des colzas et des œillettes cultivés dans les environs et des innombrables moulins à vent qui s'élevaient sur les remparts et dans les faubourgs [1]. Ces industries qui trouvaient des débouchés considérables en France, en Allemagne, en Italie et en Espagne, et même en Asie et en Afrique, attiraient à Lille un grand nombre d'étrangers et beaucoup de négociants et de courtiers de commerce des villes voisines et de la région.

Les marchands de Bruges, d'Anvers et d'Amsterdam, de Paris, de Rouen, de Lyon et de Toulouse, avaient, pour traiter leurs affaires, un édifice, un abri couvert, désigné sous le nom de *Bourse*, qui leur était spécialement affecté. A Lille, les commerçants et les industriels se réunissaient en plein air, chaque jour excepté le dimanche, à midi et le soir ; autour de la fontaine au Change et de la chapelle des Ardents, deux petits monuments qui se trouvaient au milieu de la grand'place. Sous un ciel comme

---

[1] E. Van Hende, *Lille et ses institutions communales*. Lille, 1888, p. 216.

celui de la Flandre, ils avaient souvent à souffrir des intempéries des saisons; parfois même les réunions ne pouvaient être tenues.

Au milieu du dix-septième siècle, en 1651, une circonstance se produisait qui permit de modifier cette situation. La ville, qui avait besoin d'argent pour construire des casernes, mit en vente un groupe de maisons bordant la grand'place qui était désignée sous le nom de Béauregard, et l'acquéreur démolit ces maisons dans l'intention d'en reconstruire d'autres. Mais, comme le dit un document de l'époque, « discours seroit esté meu parmy tout le peuple, qu'il importoit grandement pour l'établissement et ornement d'icelle ville, que ladite place demourast ouverte et aplanie, pour servir de belle prospective comme estant à l'opposite de la maison Échevinale et d'une autre place publique, à laquelle se prend à tous moments accès [1] ». Et, en même temps que le peuple demandait qu'on régularisât la place afin de faciliter la circulation et de dégager les monuments, les industriels et les négociants voulurent aussi mettre à profit la situation : « aucuns marchans, ajoute le document que nous venons de citer, suggérèrent aux eschevins d'icelle ville de faire bastir en quarré, à l'endroit où estoit la fontaine au Chambge et à l'environ, une bourse à usaige de marchans, qui seroit environnée et enclose de belles maisons, en telle extendue que le requiert tel ouvrage et structure, avec ornements de considération; et mesmes ont proposé de l'emprendre et faire le tout à leurs frais et despens, pourveu que leur soit accordé et laissé le fond (de terrain) à ce propre et nécessaire [2]. »

Les échevins de Lille, à qui les négociants et les marchands présentèrent ces observations, les trouvèrent très avantageuses pour la population en même temps que pour l'embellissement de la ville. Ils s'adressèrent au souverain [3] des Pays-Bas qui était Philippe IV, roi d'Espagne, et le prièrent, en lui rappelant que Lille s'était toujours montrée fidèle et docile, de concéder, avec le terrain demandé, l'autorisation nécessaire pour construire, sur la

---

[1] Archives départementales du Nord, fonds de la Chambre des comptes, B. 1667. 72º registre des chartes, f° 8.
[2] Archives départementales du Nord, fonds de la Chambre des comptes, B. 1667. 72º registre des chartes, f° 8.
[3] Archives de la ville de Lille. Supplique des échevins au Roi. Carton 145, 3º dossier.

place qui faisait partie du domaine public. Le gouvernement espagnol laissait les provinces et les villes des Pays-Bas s'administrer presque complètement par elles-mêmes. Aussi, après avoir pris l'avis du comte de Rœulx, gouverneur des villes et châtellenies de Lille, Douai et Orchies, et des maîtres de la chambre des comptes de Lille, il octroya aux échevins, par lettres patentes datées du 7 juin 1651, tout ce qu'ils demandaient. Il émettait certaines conditions, dont celles qui avaient quelque importance avaient été sans doute proposées par l'échevinage. La Bourse devait être entourée de maisons particulières toutes de même construction ; les maisons ne devaient pas avoir plus de trente-sept pieds de haut, afin de ne pas nuire aux habitations et aux monuments des rues voisines ; l'argent qui reviendrait de la vente du terrain cédé par le domaine royal appartiendrait à la ville et serait consacré par elle à la réparation des fortifications.

Les lettres patentes ajoutaient que, pour rappeler la libéralité du souverain, chaque maison lui serait redevable de deux chapons tous les ans, et que le monument ne porterait pas d'autres armes que celles de Philippe IV, à moins d'une permission spéciale du Souverain.

Les préliminaires que nous venons d'exposer ne sont pas sans intérêt et sans importance. Il en résultait que le nouvel édifice devait être élevé sur un terrain bordant la grand'place, en regard du palais Rihour, de la grand'garde et de la halle échevinale, trois remarquables monuments ; qu'il devait être formé, sur ces quatre façades extérieures, de maisons particulières, et ne pouvant monter à plus de trente-sept pieds de haut : c'étaient des conditions qui ne permettaient guère de donner facilement à la nouvelle construction un aspect monumental. On doit aussi conclure de ces préliminaires que ce sont les gens du peuple et les négociants de Lille qui ont pris l'initiative de l'embellissement de la grand'place et de la construction d'un édifice qui ne devait rien coûter à la ville ; l'échevinage et le pouvoir royal n'ont fait qu'accéder à leurs demandes. On trouverait peut-être difficilement, dans l'histoire du passé, un autre exemple d'un édifice construit en ces conditions, ailleurs que dans les Pays-Bas, contrée où l'esprit d'association avait toujours été puissant, où les habitants des grandes villes se faisaient remarquer par leur amour pour les libertés municipales et pour l'embellissement de leur cité.

Les lettres patentes du roi Philippe IV, qui sont datées de Bruxelles, 7 juin 1651, tardèrent sans doute à être expédiées. Il n'en fut donné lecture que le 12 septembre de la même année aux membres de l'échevinage, qui ordonnèrent de les faire signifier à la chambre des comptes de Lille [1]. Trois jours après, elles étaient entérinées dans les registres des Chartes de cette chambre [2]. Et immédiatement les échevins et les huit-hommes s'occupèrent du nouvel édifice avec une activité, une intelligence et un succès qui méritent d'attirer l'attention.

Il y avait d'abord à mener à bonne fin l'opération financière. On s'en était déjà occupé; car, dès le commencement d'octobre, trois plans sur terre et un plan en relief étaient prêts, et l'on y avait joint une note détaillée sur la construction de l'édifice [3] et un état des vingt-quatre lots de terrain, formant la partie extérieure de la Bourse, sur lesquels devaient être élevées vingt-quatre maisons, avec une instruction très détaillée ayant pour titre : *Conditions pour les vingt-quatre maisons qui se doibvent ériger aux quatre faces du carré de la Bourse* [4].

Les acquéreurs devaient prendre l'engagement de construire une maison, sur leur lot de terrain, en se conformant en tous points au modèle tracé sur le plan; fondations, caves, murs de séparation, conduits d'eau, sculptures des façades, toitures, matériaux, construction, tout était à leurs frais. A leurs frais aussi, les parties intérieures de la Bourse, galeries, colonnes, correspondant à chaque lot. La dépense nécessaire pour les portiques, les écussons et les sculptures des quatre entrées principales était supportée par les vingt-quatre acquéreurs au prorata du prix de leur lot de terrain. La ville n'avait d'autre charge que le pavement de la cour intérieure, des galeries qui devaient l'entourer, et des quatre entrées; et ce travail fut opéré avec les matériaux provenant de la démolition de la fontaine au Change. Pour les vingt-quatre maisons, le travail devait être commencé en mars 1652, se continuer en s'élevant partout à la fois au même niveau et être achevé avec la Bourse

---

[1] Registre aux résolutions du magistrat, p. VIII, f° 262.
[2] Archives départementales du Nord à Lille, fonds de la Chambre des comptes. Registre aux chartes, B. 1667, p. VIII.
[3] Registre aux résolutions du magistrat, p. VIII, f° 262.
[4] Archives communales de la ville de Lille, registre AA, f°⁸ 271 et suiv.

intérieure, en 1653. Si des différends survenaient entre les propriétaires et les directeurs du travail employés par la ville, c'est aux échevins qu'il appartenait de prononcer.

Ces conditions étaient léonines et ces mesures rigoureuses. Mais elles étaient indispensables pour arriver à former un monument avec vingt-quatre maisons particulières; et l'excellence de la situation de ces habitations au point de vue du commerce permettait de se montrer exigeant. En effet, dès le commencement d'octobre 1651, quelques jours après l'enregistrement des lettres patentes, les vingt-quatre lots avaient trouvé parmi les commerçants, les marchands et les hommes de métier, tels que tailleurs et épiciers, des acquéreurs empressés pour des prix variant entre 950 florins et 2,733 florins 6 patars et 3 deniers, ce qui forma une somme totale de 51,466 florins 13 patars et 4 deniers, dont la ville bénéficia [1]. En ajoutant à cette somme, qui équivaudrait à plus de 200,000 francs en monnaie d'aujourd'hui, le prix auquel pouvait être estimée la Bourse intérieure construite aux frais des acquéreurs, on pourra se faire une idée de l'excellence de l'opération entreprise par la ville. Et lorsque l'on saura que le monument commencé le 8 mars 1652 fut achevé, en d'excellentes conditions, au mois d'octobre 1653, on reconnaîtra que les négociants de Lille qui avaient conçu le projet et les échevins qui le menèrent à bonne fin montrèrent, en cette affaire, de rares qualités comme administrateurs.

Le caractère monumental de la construction qui était de nature à accroître les dépenses était bien déterminé. Dans une pièce ayant pour titre : *Touchant la Bourse prétendu à ériger*, il est déclaré que les frontispices des maisons seront « de grès de nette taille en pierre d'Ecaussines et agensés selon les règles d'architecture »; plus loin il est dit que « rien ne sera espargnié pour un plus grant embellissement », que les galeries intérieures seront voutées « à croix d'ogive à une ou plusieurs clefs »; que les xxIII colonnes de la cour seront d'ordre dorique et en pierre d'Ecaussines avec des arcades de même pierre, et qu'à l'intérieur les quatre portes (cela n'a pas été exécuté) seront décorées de quatre statues représentant l'Europe, l'Asie, l'Afrique et l'Amérique. On ajoute encore

[1] Archives de la ville de Lille, carton 145, 3e dossier.

que les façades extérieures seront décorées « avec des enrichissemens convenables de quelque nouvelle invention non encore veue en cette ville, le tout en conformité du modèle qui sera faict et approuvé par le magistrat, et que des thoits par-dessus les quatre entrées sortira quelques tourelles joly, pour donner d'avantage d'embellissement au bastiment et donner sujet à tout le monde de le contempler [1] ».

II

ÉTUDE DESCRIPTIVE DE LA BOURSE.

C'est surtout au point de vue architectural que la construction de la Bourse de Lille est remarquable. Elle présente sur ses quatre façades une conception originale, une savante disposition, une richesse d'ornementation et une série de difficultés vaincues qui méritent d'être étudiées en détail.

De vingt-quatre maisons particulières, petites et étroites, ne pouvant monter à plus de 37 pieds de haut, destinées à servir de magasins et disposées sur les quatre faces extérieures d'un bâtiment carré, il fallait faire une construction monumentale, digne de figurer en regard de trois grands édifices : le palais Rihour, château gothique des ducs de Bourgogne; la Grand'Garde et ses trois pignons flamands; la Halle échevinale, remarquable par son architecture Renaissance. L'auteur du plan de la Bourse adopta pour les vingt-quatre maisons un plan absolument uniforme dans les grandes lignes et dans les détails, et les couvrit, de chaque côté, d'une seule et même toiture, de manière à donner un caractère d'ensemble et d'unité aux quatre façades, qui offraient, celles de la grand'place et du côté opposé, six maisons sur une largeur de 105 pieds, et les deux autres également six maisons sur une largeur de 123 pieds.

Le rez-de-chaussée, qui était réservé aux magasins des marchands, présente un caractère simple et sévère. Il est construit, depuis le sol jusqu'au premier étage, en un appareil de larges grès en bossages et à refends, qui rappelle les palais de Florence.

[1] Archives communales de la ville de Lille, registre B, f°s 263 et suiv.

Les portes d'entrée des maisons sont petites et étroites; au contraire, les fenêtres qui devaient servir pour l'étalage des marchandises sont hautes, larges et surmontées d'un riche tympan à sujet sculpté; ces ouvertures sont tout à la fois symétriquement disposées et de largeur différente; cela se remarque aussi dans les trumeaux en grès qui les séparent. Le caractère monumental, effet évidemment cherché par l'appareil en bossages et par les inégalités symétriques dans la largeur et la hauteur des ouvertures, n'aurait pas été obtenu, sans le motif central qui décore chaque façade. Ce motif est une haute et large porte d'entrée, formée par deux colonnes portant un fronton brisé, dont le centre est occupé par un élégant cartouche accosté de guirlandes de fleurs, au-dessus duquel s'élève, aux deux façades principales, un large écusson aux armes d'Espagne appuyé sur des cornes d'abondance et soutenu par deux lions héraldiques. Tout le motif est construit en une belle pierre d'Ecaussines que le polissage a rendue presque noire. Cet ensemble du rez-de-chaussée, bien qu'il offre de larges ouvertures pour l'étalage des marchandises, est digne d'un palais. Il sert parfaitement de base aux deux étages que nous allons décrire.

Ces deux étages présentent un contraste frappant avec le soubassement qui les porte. Au lieu d'être construits en grès et en pierre d'Ecaussines, ils ont pour fond la brique polie et pour les ornements en relief la pierre blanche de Lezennes. Autant le rez-de-chaussée est simple et sévère, autant ils sont remplis de motifs sculptés en bosse ou en ronde bosse. Chaque étage présente sur les deux façades principales douze fenêtres, et sur les deux autres façades seize, qui sont toutes disposées symétriquement et, excepté celles qui surmontent les portes, de même dimension. Chacune de ces fenêtres est garnie de meneaux en pierre et encadrée de bordures à triple moulure, dont la partie inférieure est une console et dont la partie supérieure forme, au-dessus de la fenêtre, un fronton brisé au centre duquel s'étale un cartouche très ornementé. Le haut du second étage est garni d'une très riche corniche, qui surplombe légèrement au-dessus de l'édifice et sert de support au toit. Tous les trumeaux qui se trouvent entre les fenêtres des deux étages sont décorés alternativement de larges pilastres cerclés de bandes et de gaines richement sculptées d'où sortent des cariatides; au premier étage, les piliers et les cariatides sont d'ordre toscan et servent à porter la plinthe du second étage; à ce second étage, c'est l'ordre ionique qui a été adopté, et les piliers qui offrent des guirlandes de fleurs au lieu de bandes, avec des cariatides, qui se détachent sur un fond de briques et sont plus sveltes, servent de supports à la corniche.

Ces nombreux pilastres, ces nombreuses cariatides montant en ligne droite, pouvaient donner à l'édifice un caractère trop élancé, un aspect peu monumental. Mais leur ampleur et surtout l'extension en largeur de toute leur ornementation, et les moulures des fenêtres, des guirlandes de fleurs et des autres motifs de décoration qui couvrent presque toute la surface des trumeaux, obvient à cet inconvénient et donnent à l'édifice un caractère remarquable de richesse et de vigueur qui n'exclut pas l'élégance. « Chose étonnante, dit M. Léon Palustre, l'œil ne rencontre, pour ainsi dire, pas un espace où se reposer, et cependant on n'éprouve ni fatigue, ni ennui à contempler cette prodigieuse multiplicité de sculptures qui ont juste le degré de perfection nécessité par la place qu'elles occupent. Cela tient tout d'abord à l'emploi judicieux de la brique uniquement réservé pour les fonds, qui, par la différence de ton, donne de la valeur aux chambranles et aux pilastres. En second lieu, l'artiste a su appliquer largement le sain principe de la variété dans l'unité, combattant çà et là la sévérité de certains motifs par la capricieuse ordonnance d'autres compositions [1]. » A ces observations si judicieuses de M. Palustre, nous ajouterons une remarque, qui a, si nous ne nous trompons, son importance. Le manque de grâce et même la lourdeur auraient été produits par cette multiplicité de piliers, de gaines, de cariatides, de guirlandes de fleurs, de frontons brisés et de cartouches, si l'architecte n'avait pas eu soin de donner à tous ces motifs de décoration des dimensions peu considérables; tout cela, comme l'édifice, a été fait, si l'on peut s'exprimer ainsi, à l'échelle humaine. Le marchand du dix-septième siècle qui apparaissait dans le cadre d'une fenêtre au premier ou au second étage, ne déparait pas et ne paraissait ni trop grand ni trop petit au milieu de cette ornementation. C'est là peut-être en partie le secret du mérite particulier que présente la Bourse

[1] L. PALUSTRE, *la Renaissance en France*. Paris, Quantin, 1879, p. 7.

de Lille; seules, les quatre entrées monumentales échappent à cette loi.

Notre étude descriptive serait incomplète, si nous ne faisions pas remarquer que la toiture de l'édifice était décorée de fenêtres à épis correspondant aux ouvertures des étages, d'importantes têtes de cheminées sobrement décorées et de deux gracieux tourillons. Nous devons en outre signaler la remarquable diversité des gaines et surtout des cariatides qui en sortent; ici c'est une tête d'enfant, là une jeune fille, ailleurs une femme et un homme d'âge mûr, plus loin un vieillard à longue barbe; celui-ci supporte avec aisance la corniche qui pose sur sa tête, celui-là gémit sous le même poids; l'un sourit et l'autre gémit; un torse de femme est orné d'un collier, et la tête d'une charmante jeune fille est couronnée de fleurs et de fruits, tandis que celle d'un jeune homme porte des pampres et des raisins; tous les âges de la vie sont représentés dans ces figures qui sont au nombre de trente-six. Une seule tête qui se trouve du côté de la rue des Manneliers offre un caractère historique ou plutôt mythologique : c'est celle du roi de Phrygie, reconnaissable par la longueur des deux appendices de sa figure dont Boileau a dit dans un vers bien connu :

<blockquote>Midas, le roi Midas a des oreilles d'âne.</blockquote>

L'intérieur de l'édifice, c'est-à-dire la Bourse proprement dite, ne présentait pas, au point de vue de la construction, les mêmes difficultés que l'extérieur; mais il témoigne aussi de l'habileté et du bon goût de l'architecte.

Au centre, se trouve une cour à ciel ouvert longue de 19 mètres et large de 13^m,60. Autour de cette cour, contre les quatre murs qui forment le fond des maisons extérieures, a été appliqué, si l'on peut employer cette expression, un premier étage, dépendant de ces maisons, qui est supporté par des colonnes et sous lequel circulent des galeries ouvertes; c'est dans ces galeries et aussi, quand le temps le permet, dans la cour même, que se réunissent les négociants pour traiter de leurs affaires. La cour, protégée contre le vent, et les larges galeries auxquelles on accède par quatre larges entrées et où l'on est à l'abri de la pluie, de la neige et des intempéries des saisons, répondent complètement aux besoins spéciaux de l'édifice; pavées de larges dalles, elles présentent une circulation facile. Les colonnes disposées autour de la cour, qui supportent le premier étage, sont au nombre de huit dans le sens de la longueur et de quatre en largeur; construites en pierre d'Ecaussines polie, elles sont d'ordre dorique et sont surmontées d'arcades en plein cintre cerclées, comme les pilastres des façades, par de larges bandes. Les quatre galeries qui sont formées autour de ces colonnes sous le premier étage offrent dans le fond des murs en briques et sont décorées, comme l'exigeait une décision échevinale citée plus haut, d'arcs-doubleaux et de nervures croisées, qui viennent prendre leur point d'appui sur les chapiteaux des colonnes. La hauteur des voûtes et les larges espaces ouverts entre les colonnes et leurs arcures en demi-cercle, donnent aux galeries toute la lumière qui pouvait être nécessaire pour les opérations de la Bourse. L'étage situé au-dessus des galeries présente une ornementation analogue à celle des deux étages de l'extérieur. Au-dessus des arcades des colonnes règne une plinthe soutenue, sur un fond de briques, par des têtes de léopard en pierre blanche, qu'unissent des guirlandes de fleurs de même pierre; sur cette plinthe s'appuient des pilastres montant jusqu'à la corniche, qui séparent de larges fenêtres bordées de simples moulures et à meneaux, dont la base est formée alternativement d'une balustrade et d'un cartouche. Une riche corniche couronne le tout. L'ensemble de cette ornementation est en pierre de Lezennes, comme sur les façades extérieures. Mais, ainsi que l'exige l'aspect de cet étage, qui est plus bas et se voit de plus près, l'ornementation est de beaucoup moins riche. Plus de larges pilastres reliés par des bandes, plus de gaines et de cariatides, plus de fenêtres à triples moulures; mais des piliers élancés et des ouvertures relativement peu décorées. La construction a été très bien comprise par l'architecte, à l'intérieur comme à l'extérieur.

Toutefois la partie intérieure aurait eu un aspect beaucoup plus monumental si, comme cela avait été primitivement décidé, les quatre entrées eussent été ornées, du côté de la cour, de quatre statues représentant l'Europe, l'Asie, l'Afrique et l'Amérique. Ces statues auraient rappelé, dans cet édifice consacré au négoce, les relations commerciales de Lille avec le monde entier [1].

[1] La *Bourse* a été plusieurs fois reproduite par la gravure. La plus ancienne date de 1652; puis vient celle publiée par les *Délices des Pays-Bas*, 6ᵉ édit.,

III

LA BOURSE ET SON ARCHITECTE;
SES RAPPORTS AVEC D'AUTRES ÉDIFICES.

Jusqu'à nos jours, les écrivains qui se sont occupés de la description et de l'histoire de Lille ont signalé la Bourse comme un monument remarquable, sans indiquer le nom de son constructeur.

En 1842, notre savant collègue, M. Chon, entretenait la Commission historique de l'inutilité de ses efforts pour réunir les documents nécessaires pour un travail sur ce monument [1]. C'est seulement en 1878 que Mgr Dehaisnes a fait connaître à la même Commission historique des documents d'où il résulte que Julien Destré, architecte de la ville, a bâti cet édifice; et il a communiqué ces documents à M. Palustre, qui les a reproduits en partie dans son ouvrage sur la *Renaissance en France*, publié en 1879 [2].

Grâce à l'obligeance de M. Rigaux, archiviste de la ville, nous pouvons aujourd'hui publier un nombre important de documents inédits sur la Bourse et son architecte Julien Destré. Nous devons aussi adresser des remerciements à M. Mongy, ingénieur, directeur des travaux municipaux de la ville de Lille, qui nous a fourni de précieux renseignements pour ce qui concerne les temps modernes. Dans le tome VII du *Registre aux bourgeois de la ville de Lille*, on lit qu'à la date du 7 novembre 1631, Julien Destré, né à Lille, fils d'Yvon et de Françoise Burette, époux de Marie Morelle, escrignier (sculpteur en bois) de profession, acheta le droit de bourgeoisie pour la somme de 15 livres [3]. Ce Julien Destré, escrignier,

---

1769, t. III, p. 117; Brun-Lavainr lui a consacré une lithographie dans son *Atlas historique et topographique de la ville de Lille;* M. Palustre en a donné deux excellentes eaux-fortes qui la font connaître telle qu'elle était au dix-huitième siècle, et que nous reproduisons. Il en existe en outre diverses photographies, auxquelles nous avons emprunté les planches qui accompagnent notre travail.

[1] *Bulletin de la Commission historique du département du Nord*, t. I, p. 327.

[2] Ces documents avaient été fournis à Mgr Dehaisnes par M. Rigaux, archiviste de la ville de Lille.

[3] Archives de la ville de Lille, registre aux bourgeois, t. VII, fol. 97 v°.

reçu bourgeois en 1631, est assez probablement le même personnage que l'architecte portant le même nom qui a construit la Bourse; mais les documents ne nous permettent pas de l'établir. En 1642, les renseignements sont précis. Le 28 juin de cette année, Julien Destré, maître arpenteur, adressa aux échevins une supplique, dans laquelle il leur dit qu'ayant été déjà nommé jaugeur, en remplacement de Mathias Petit, autrefois jaugeur et maître des œuvres de la ville, il demandait à le remplacer aussi comme maître des œuvres, ce qui lui fut accordé le jour même [1]. Dans le compte de la ville pour l'année 1643, Julien Destré est mentionné cinq fois : « en qualité de maître des œuvres, douze livres lui seront payées pour son droit annuel de robe; seize sous pour le bonnet qu'il recevait lors de la procession; cent soixante livres parisis, reçues en commun avec un clerc et un sergent, pour faire la visite des maisons auxquelles on travaillait en ville, et deux cent cinquante livres pour gage d'une année d'exercice en qualité de maître des œuvres. Comme jaugeur sermenté, il reçut avec François de Callers quatre cent quatre-vingt trois livres six sols, huit deniers [2]. » Ces cinq mentions se reproduisent tous les ans dans les comptes de la ville, de 1643 à 1677, ce qui prouve que, durant ce temps, Julien Destré a conservé ses deux emplois. Le compte de 1678 fait défaut; en 1679 et les années suivantes son nom a disparu. Nous rappellerons ici que, le 10 novembre 1672, Julien Destré et François de Callers font le plan d'agrandissement de la ville de Lille du côté de Saint-André, et qu'en cette même année Julien Destré fournit à Simon Volant un état du nombre des ouvriers employés aux travaux de la ville [3].

Julien Destré, à qui l'on donne parfois le nom d'*ingéniaire,* ce qui suppose des connaissances spéciales, était donc depuis neuf ans maître des œuvres, c'est-à-dire directeur des travaux et architecte de la ville, lorsqu'il fut question de construire la Bourse. On avait supposé, avec raison, qu'en cette qualité il avait dû faire le plan de l'édifice; un document inédit le prouve. Il est dit dans une supplique adressée au Roi par les habitants de la ville avant le

[1] Archives de la ville de Lille, carton 544, dossier 2.
[2] Archives de la ville. Comptes de la ville pour 1643, fᵒˢ 332, 335, 369, 380.
[3] Archives départementales du Nord; archives des États de la Flandre wallonne, liasse 324.

14 mai 1652, que « le Magistrat avait fait faire par Julien Destré, leur ingéniaire, les plants terrestres et le plant en relief de la Bourse[1] ». Et non seulement il donna le plan, mais il prit une part active à la vente des terrains et dirigea toute la construction. Lors de la mise en adjudication des vingt-quatre lots, il était le « donnant à l'assemblée à haulte voix l'explication des plans en présence des députés à la ditte vente[2] ». Après la vente, il remit aux acquéreurs des modèles pour les travaux en grès, en pierre d'Ecaussines et en pierre blanche qu'il devait faire exécuter[3]. Durant le cours de la construction nous voyons que Destré dirigea le travail. La pose de la première pierre eut lieu le 8 mars 1652[4]. En date du 19 avril suivant, le Magistrat, après avoir examiné les plans, déclare qu'on arrêtera le travail commencé, et ordonne « à maistre Julien Destré, maistre ingéniaire et architect, de dresser, suivant ce, un plan figuratif avec tous les enrichissements requis[5] ». Deux différends s'étant élevés au sujet des matériaux à employer pour la construction, l'un en mai 1652 et l'autre sans doute vers la même date, l'opinion émise par Julien Destré est invoquée par ceux qui réclament[6]. Il résulte des documents relatifs à ces différends et de quelques autres pièces, que la ville exigeait qu'on substituât la pierre au bois et qu'on employât d'excellents matériaux ; qu'un tailleur de pierre, nommé Roland Maille, a construit huit des vingt-quatre maisons ; qu'un maître sculpteur, du nom de François de Monchy, qui de 1652 à 1672 a été souvent employé pour des travaux d'art à exécuter à l'hospice Comtesse de Lille[7], a reçu en acompte, le 2 août 1653, la somme de 48 livres pour un

[1] Archives de la ville, carton 145, 3ᵉ dossier. Ce plan a même été publié en 1652, avec les détails les plus précis et les plus complets de l'ornementation, sous le titre suivant :
Modelle levée des faces extérieures de la Bourse de Lille, dédié à Monseigneur le comte de Reux, gouverneur, etc., et Messieurs du magistrat de la ditte ville par Julien Destré, ingénieur, 1652.
L'écusson du comte de Rœulx se trouve à côté du cartouche qui renferme l'inscription.
[2] Archives de la ville, carton 145, 3ᵉ dossier.
[3] *Ibid.*
[4] QUARRÉ-REYBOURBON, *Histoire locale au jour le jour à Lille*, p. 7.
[5] Archives de la ville, registre aux résolutions, t. VIII, f° 283 v°.
[6] Archives de la ville, carton 145, 3ᵉ dossier.
[7] Archives des Hospices de Lille, Comptes de l'hospice Comtesse, années 1653, 1654, 1655, 1658, 1659, 1664, 1665, 1671, 1672.

travail fait aux portes qui, d'après la somme payée, devait avoir un caractère artistique [1].

Quant aux quatre tourelles qui devaient s'élever, d'après le plan primitif, au-dessus des quatre entrées de l'édifice, elles furent réduites à deux, par décision du Magistrat en date du 21 octobre 1652 [2]. En date du 23 octobre 1653, la ville s'engagea à les construire « pour le plus grand ornement de la Bourse nouvellement érigée » et à les entretenir à ses frais [3]. A cette date, l'édifice était donc achevé, à l'exception des deux tourelles.

De l'ensemble de ces faits, presque tous inédits jusqu'aujourd'hui, il résulte que c'est bien Julien Destré, architecte de la ville de Lille, qui est l'auteur du plan de la Bourse de Lille, et que l'exécution des travaux a eu lieu sous sa direction. Il nous reste maintenant à rechercher quelle est l'école dont Julien Destré s'est inspiré et quels sont les monuments ou les maisons et objets d'art qui offrent une ornementation analogue à celle de la Bourse.

Plusieurs écrivains ont voulu voir, dans la Bourse, un édifice imité de l'art espagnol et même des constructions arabes de l'Espagne [4]. Il n'y a absolument rien dans ce monument, qui rappelle ce que l'on peut voir en Espagne, ni comme ensemble ni comme détails; et d'ailleurs, depuis un certain nombre d'années, Mgr Dehaisnes a fait justice de l'inadmissible légende qui attribue à l'Espagne une influence artistique dans les Pays-Bas [5]. D'un autre côté, on ne trouve aucune trace, dans la Bourse, du style ogival qui avait continué d'être usité en Flandre, durant une partie du seizième siècle et au commencement du dix-septième, lorsque déjà il était complètement abandonné en France; ce genre d'architecture avait été d'ailleurs expressément interdit par les échevins dans les conditions imposées aux propriétaires des vingt-quatre

---

[1] Archives de la ville, Compte 1653, f° 360.
[2] Archives de la ville, registre aux résolutions du Magistrat, t. XVIII, f° 266.
[3] Archives de la ville de Lille, registre aux titres, BB, f° 2.
[4] BRUN-LAVAINE, *Atlas topographique et historique de la ville de Lille*. Lille, Lefort, 1830, in-f°, p. 46; *Le petit conducteur dans Lille à l'usage des étrangers*. Lille, Bloequel, 1850, p. 30.
[5] DEHAISNES, *L'Espagne a-t-elle exercé une influence artistique dans les Pays-Bas?* Étude historique lue en 1878 dans une séance de la Commission historique du département du Nord et aux Réunions des Sociétés savantes à la Sorbonne, en la même année.

maisons formant le contour extérieur de la Bourse, et même le Magistrat, dans l'acte qui a pour titre : *Touchant la Bourse prétendu à ériger*, avait demandé une construction gréco-romaine, en déclarant que les colonnes des galeries devaient être d'ordre dorique, que les façades extérieures devaient être agencées selon les règles de l'architecture et présenter « les enrichissements convenables de quelque nouvelle invention non encore veue en ceste ville [1] ». Pour se conformer à cette pensée, Julien Destré choisit le style Renaissance, tel qu'il s'était développé à Anvers et dans les Pays-Bas, durant la première moitié du dix-septième siècle.

Le style Renaissance avait été adopté pour un certain nombre d'édifices construits dans la Flandre française et dans l'Artois, dès la seconde moitié du seizième siècle. Nous le rencontrons à Douai, dans la maison du bailli Marc Duhem, élevée de 1545 à 1556 ; à Arras, dans une aile de l'hôtel de ville, bâtie en 1575 ; à Aire, dans le bailliage qui porte la date de 1575, et à Lille, dans l'hôtel de Beaurepaire qui est de 1572, et surtout dans la Halle échevinale élevée en 1593 par Jean Fayet, maître des œuvres de la ville, construction d'une pureté parfaite, mais froide et sèche, qui rappelle les hôtels de ville de Bergues et de Furnes, bâtis vers la même époque.

Durant la première moitié du dix-septième siècle, le style Renaissance présente, dans les Pays-Bas, une riche ornementation qui atteint souvent l'exubérance. Ce caractère se remarque dans les motifs d'architecture pour tableaux, les décors pour fêtes, les frontispices pour monuments et livres, et les meubles en bois ou en chêne, dont les œuvres de l'École, alors si florissante et si renommée, d'Anvers, et surtout celle des disciples de Rubens, offrent de si nombreux spécimens. Ce goût commence à se faire sentir dans le couvent des Augustins d'Hazebrouck, œuvre du commencement du dix-septième siècle, dont l'ordonnance générale est encore sévère ; il s'accentue à Douai, dans la maison des Remy, qui est de 1617 ; il est plus apparent à Cambrai, dans la façade du palais de l'évêque Van der Burch, construit en 1620, et il éclate dans la *tour de l'abbaye de Saint-Amand*, monument daté de 1633, tout à la fois remarquable, curieux et étrange,

---

[1] Archives de Lille, carton 145, 3e dossier.

sur lequel l'abbé Dubois, qui voulut en être lui-même l'architecte, répandit à profusion les colonnes cerclées, les cartouches, les consoles et un grand nombre d'autres motifs de décoration depuis la base jusqu'au sommet.

L'auteur du plan de la Bourse de Lille s'inspira, pour le rez-de-chaussée, des traditions les plus pures de la renaissance italienne et, comme nous l'avons déjà fait remarquer, rappela, dans cette partie de l'édifice, les constructions du palais de Florence. Quant aux deux étages, ils rappellent la richesse d'ornementation de l'École d'Anvers; plusieurs motifs, tels que les consoles, les cartouches, les bandes des colonnes et aussi la superposition d'ordres d'architecture, ont pu être imités de la tour de Saint-Amand, mais sans le goût douteux et la profusion qui caractérisent ce dernier édifice. Les gaines et les cariatides, qui forment une des parties principales de la décoration de la Bourse, se retrouvent exactement dans plusieurs dessins de quinze planches de gaines publiées en 1577, par Hans Vredman de Vries, dans un ouvrage sur l'architecture.

Mais, en s'inspirant des tendances générales de son époque et de plusieurs monuments ou livres qu'il avait pu étudier, Julien Destré a su conserver son caractère propre, son originalité. Et cette originalité ne procède pas, comme l'ornementation de la tour de Saint-Amand, d'un manque de goût : elle est le produit d'une composition très habile, d'une heureuse disposition des diverses parties de l'édifice et d'une entente de l'effet produit par l'ornementation.

Il est impossible qu'un édifice de ce mérite n'ait pas été imité au moins dans la ville de Lille et dans les environs. Trois côtés du cloître de la cour intérieure de l'hôpital de Seclin se rapprochent beaucoup de la cour intérieure de la Bourse : les colonnes d'ordre dorique, les entre-colonnements avec arcades réunis par des bandes, les cartouches et la corniche du premier étage, les nervures entre-croisées des voûtes des galeries rappellent les détails de l'édifice de Julien Destré; on y trouve la date de 1667, ce qui nous révèle que cette partie de l'hôpital a été construite quatorze ans après la Bourse. A l'hôpital Comtesse de Lille se voient, à la chapelle, deux niches en marbre blanc et noir avec consoles, têtes d'anges, guirlandes de fleurs et cornes d'abondance rappelant l'ornementation de la Bourse; comme ces niches ont été achetées à Gand en 1655-1656, elles permettent de constater que, comme nous l'avons dit plus haut, le genre de décoration adopté par Julien Destré était alors en vogue en Belgique. Dans l'ancienne cuisine du même hôpital, est conservé un cadre en bois avec cariatides sortant de gaines, portant la date de 1700, qui semblent être imitées de celles de la Bourse.

Il y a dans beaucoup de rues de la ville de Lille un nombre assez grand de maisons construites à la fin du dix-septième ou au commencement du dix-huitième siècle, sur lesquelles on remarque quelques-uns des motifs d'ornementation qui caractérisent la Bourse. Malgré les détériorations dont plusieurs de ces maisons ont été l'objet, malgré les couches de badigeon dont on les couvre tous les trois ou quatre ans, les sculptures présentent encore une analogie marquée avec l'ornementation que nous venons de signaler. Nous mentionnerons tout particulièrement, en ce qui concerne les gaines et les cariatides, quatre maisons : l'une, rue de Paris, coin de la rue des Manneliers; l'autre, rue Royale, n°° 1 et 3; la troisième, rue des Sept-Sauts, n°° 7, 9, et la quatrième, place Saint-Martin, n° 19, coin du quai de la Basse Deule; en ce qui concerne les larges cartouches et la corniche sous le toit, plusieurs autres habitations qui sont situées rue des Arts, n°° 4, 6, 8, 10, 12, 7, 15, 17, 19, 21; place Rihour, n°° 2, 2 *bis*, 6, 8, 10, 12; rue Esquermoise, n°° 4, 6, 8, 34, 36, 40, 46, 50, 5, 7, 85; au Marché aux poulets, n°° 28, 35; à l'angle de la rue de la Quennette et des Ponts de Comines, n°° 12, 12 *bis*, 14, 16, etc., etc. Les maisons portant des ornements en pierre sculptée étaient autrefois encore bien plus nombreuses à Lille; nous en avons vu disparaître un grand nombre depuis soixante ans. On pouvait dire, au commencement de ce siècle, qu'une très notable partie des habitations de la ville de Lille reproduisaient plusieurs des motifs d'ornementation qui se rencontrent sur la Bourse.

Sur la grand'place de Bruxelles, se voient, aux étages supérieurs des maisons portant les n°° 4 et 7 (1697 et 1699), des gaines avec cariatides analogues à celles de Lille. Ces maisons datent de la fin du dix-septième siècle et sont, par conséquent, postérieures de près d'un demi-siècle à la construction de la Bourse. Cette ressemblance dans les détails provient sans doute de ce que les mêmes influences se sont fait ressentir à Bruxelles et à Lille.

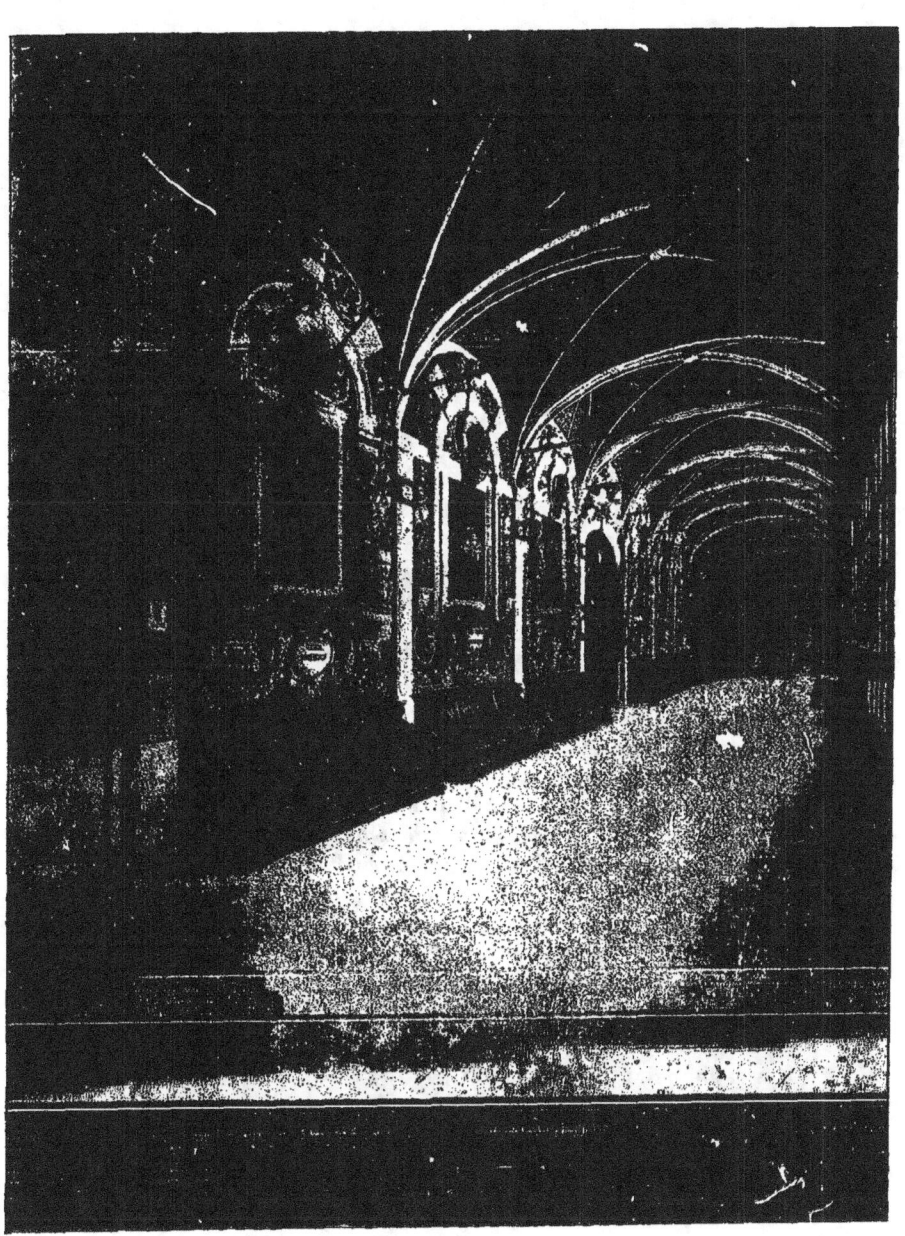

UNE GALERIE DE LA BOURSE DE LILLE

IV

LA BOURSE AU DIX-NEUVIÈME SIÈCLE.

La Bourse n'a subi que des modifications sans importance depuis sa construction jusqu'au commencement de ce siècle [1]. Plusieurs documents conservés dans les archives de la ville nous apprennent que des propriétaires obtinrent l'autorisation : en 1739, de faire diminuer de largeur les fenêtres du toit correspondant aux portes du rez-de-chaussée et aux grandes fenêtres du premier étage ; en 1765, de faire remplacer aux frais de la ville par des balcons en fer les balcons en bois qui étaient en très mauvais état ; en 1777, de faire établir à l'intérieur des murs de séparation plus épais afin d'empêcher la propagation de l'incendie, s'il venait à se déclarer [2]. Les pièces d'un procès porté devant le bureau des finances nous apprennent que la ville avait apposé ses armes sur le cartouche d'un balcon au-dessus du blason de Philippe IV [3] ; les lois révolutionnaires firent effacer les armoiries de Lille comme celles de l'Espagne, et les écussons qui les portaient sont restés jusqu'aujourd'hui vides de tout ornement. Lors du bombardement en 1792, les boulets autrichiens renversèrent les tourelles qui surmontaient les toits. Mais ces modifications de détail n'altéraient en rien le caractère monumental de l'édifice ; et nous le trouvons, tel qu'il est sorti des mains de Julien Destré, sur une gravure de 1769, publiée dans les *Délices des Pays-Bas,* et sur un tableau de François-Louis-Joseph Wattau, peint en l'an VIII et conservé au Musée, qui représente la foire désignée à Lille sous le nom de *Braderie.*

Notre siècle n'a pas montré, en ce qui concerne les façades extérieures de la Bourse, le même respect et le même goût. Le caractère grandiose et sévère du rez-de-chaussée a disparu, comme le dit très bien M. Palustre, « derrière d'ignobles devantures de « magasin, qui, par leur mauvais goût, semblent témoigner d'un

---

[1] Voir la planche ci-contre.
[2] Archives de la ville, cartons 145 et 152.
[3] Archives départementales du Nord, bureau des finances de Lille.

« progrès fort contestable. Et de même la toiture est veuve des
« importantes têtes de cheminées, sobrement décorées, qui cou-
« paient avec bonheur les lignes trop étendues et par là monotones;
« d'horribles tuyaux de briques, de plâtre et de tôle les ont peu
« avantageusement remplacées [1]. » Durant les quarante premières
années de notre siècle, des municipalités, peu soucieuses des choses
de l'art, ont laissé s'accomplir des actes de vandalisme; et cependant les documents qui concernent les conditions imposées aux propriétaires des maisons formant le pourtour extérieur de la Bourse et
les autorisations accordées en 1739, en 1765 et en 1777 pour des
modifications de détail établissent clairement que la ville avait le
droit d'empêcher les mutilations dont nous venons de parler.

En 1844, le Conseil municipal ayant voté, concurremment avec
la chambre de commerce, le crédit nécessaire pour la restauration
des façades extérieures de la Bourse, le maire rendit un arrêté par
lequel il était ordonné que « toutes les enseignes qui étaient atta-
chées contre les façades de la Bourse au-dessus du rez-de-chaussée
devaient être immédiatement enlevées, et ne pouvaient être repla-
cées qu'en dessous du premier étage [2]. »

En 1849, à la suite des propositions faites par l'architecte de la
ville, M. Benvignat, des mesures analogues furent prises. Ces
mesures ont été exécutées en partie, et la ville continuera de
s'occuper avec sollicitude de la conservation du monument.

C'est le même architecte Benvignat qui, en 1860, opéra très
habilement une restauration archéologique de l'édifice, sauf pour
le rez-de-chaussée soumis au règlement de 1844.

Nous sommes heureux de constater que, pour la partie intérieure
de la Bourse, non contente de l'entretenir avec soin, la Chambre
de commerce l'a décorée avec autant de goût que de richesse. Au
milieu de la cour avait été élevée, sous la Restauration, une statue
de Louis XVIII, sculptée par Cadet de Beaupré, professeur de
dessin et de plastique aux écoles académiques de la ville. Cette
statue ayant été déplacée en 1830, on y a érigé, le 3 décembre
1854, une statue de Napoléon Ier, en costume d'Empereur, fondue
avec des canons pris à Austerlitz, œuvre remarquable du sculpteur

---

[1] L. Palustre, *la Renaissance en France*, p. 7.
[2] Archives municipales, arrêté de M. le maire de Lille en date du 7 juin 1844.

valenciennois Lemaire. Les galeries ont été, vers la même époque, magnifiquement décorées : sur le fond de briques nues qu'elles présentaient, vis-à-vis de chacune des travées formées par les entre-colonnements, la Chambre de commerce a fait placer de grandes plaques de marbre, entourées de sculptures analogues à celles de la façade et de l'étage de la cour, au milieu desquelles se voient les attributs de l'industrie, du commerce et de la science ; ces plaques ou tablettes de marbre portent des inscriptions qui rappellent les dates et les institutions les plus importantes pour l'industrie et le commerce de la ville de Lille, et elles sont surmontées chacune d'un buste en bronze représentant les inventeurs et les savants qui ont rendu les services les plus éminents : Jacquart, Philippe de Girard, Chaptal, Brongniart et plusieurs autres. En décorant ainsi l'intérieur de l'édifice, les membres de la Chambre de commerce de Lille se sont montrés les dignes successeurs de ces échevins et commerçants du dix-septième siècle qui ont fait preuve de tant d'habileté et de goût en faisant construire la Bourse dans les circonstances et les conditions que nous avons rappelées plus haut.

Ils donneront un nouvel et éclatant témoignage de l'intérêt qu'ils portent au monument que nous ont légué nos pères, en travaillant à délivrer les façades et le toit, des devantures, des enseignes et des tuyaux de cheminée qui les défigurent, et à rendre, autant que possible, au rez-de-chaussée le caractère monumental que son appareil en bossages et à refends lui donnait autrefois. La ville aurait, si nous ne nous trompons, le droit, en invoquant les documents relatifs à la construction des vingt-quatre maisons du pourtour de la Bourse, de forcer les propriétaires à remettre les choses en l'ancien état. Mais cette mesure pourrait paraître rigoureuse et soulèverait beaucoup de réclamations. N'y aurait-il point possibilité que l'administration municipale et la Chambre de commerce s'unissent, dans une action commune, comme elles l'ont fait de 1844 à 1860, et nommassent une commission d'hommes spéciaux chargée d'étudier ce qui devrait être fait, pour rendre, si c'est possible, au rez-de-chaussée le caractère qu'il présentait autrefois? Si ces deux corps ne croyaient pas pouvoir supporter toute la dépense, la somme qui ferait défaut ne pourrait-elle pas être trouvée par l'ouverture d'une souscription? Nous avons l'espoir que cette mesure ou d'autres analogues auraient chance d'être adoptées. Et nous sommes certains d'être l'interprète d'un grand nombre de nos concitoyens, en exprimant le vœu que cette question soit bientôt sérieusement étudiée.

PIÈCES JUSTIFICATIVES.

28 juin 1682.

I

Du Regre aux offices de la ville de Lille reposant soubz eschevins d'icelle commençant en janvier 1619 et finant l'an 1652, at esté extraict ce qui s'en suit.

MESSIEURS,
MESSIEURS DU MAGISTRAT DE LA VILLE DE LILLE,

Remonstre humblement Julien Destré, bourgeois de ceste ville, M° arpenteur et gaugeur sermenté establY p. V. S. que par le trespas de M° Mathias Petit au mois de décembre ou novembre dernier, les déservitudes de ses offices auroient esté accordées si comme celle de gaugeur audit remt et l'estat de M° des œuvres à Cornille Bourdon, ingéniaire, aux gaiges et émolumens accoustumez et comme seroit venu à sa cognoissance que ledit Bourdon auroit remercié V. S. des gaiges ordinaires annexes audit office de M° des œuvres, que néantmoins il auroit esté retenu par aultres moiens, et ne désirant en apparence icelluy de M° des œuvres, icelluy remonstrant voiant ledit office en estat d'estre vaccant et qu'il en convient d'en avoir un pour intervenir aux occasions avecq Messieurs les eschevins commis aux visitations et ouvriers sermentez de ceste ville, se retire vers Messieurs affin que leur bon plaisir soit luy vouloir accorder la déservitude dudit estat en la forme et manière que ledit M° Mathias soulloit jouir, quoy faisant, etc.

Appostille.

Messieurs accordent au remt ce qu'il requiert jusques à leur rappel, ayant à ces fins presté le serment en tel cas pertinent, fait en halle le xxviii° de juin 1642 moy pnt, et signé A. Cuvillon.

(Archives municipales de Lille, carton 551, dossier 2.)

II

Compte de 1643[1].

A Jullien Destré maistre des œuvres serments à cette ville au lieu de mre Mathias Petit, la somme de deux cens cincq^{te} livres parisis pour une ann de sa pension d'avoir exerché ledit estat escheue le xxvIII^e de juing XVIe quarante trois soy ladite somme de . . . . II^cL l.

Par extraict autenticque du regre aux offices reposans soubs eschevins de cette ville, signé J. Delesaulch, par lequel appert de la retenue dudit Destré conforme au texte cy rend avecq deux siennes quictan pour demye ann chacune.

Folio IIIe xxxII r°.

A Jullien Destré et Franchois de Callers gaugeurs sermentes de cette ville, la somme de cinq cens livres parisis pour une ann de leurs gaiges et sallaires d'avoir deservis leur office de gaugeur, suyvant le droict qu'ilz avoient de prendre sur quattre comptes sy comme par cestuy quatre cens quattre vingt trois livres six sols huict deniers par celuy des fortificaons pareille somme de IIII^{xx}III l. VI s. VIII d., par celuy des nouveaux impostz cent soixante six livres treize solz quattre deniers et par celuy des R. P. Jésuites samblable somme de CLXVI l. XIII s. IIII d., revenantes lesdtes quattre parties à ladite somme de . . . . v^c l.

Par quattre quictan les deux signées Destré et les deux aultres signées de Caulers pour demye année chacune cy rend.

Folio IIIe xxxv v°.

A Jullien Destré, maistre des œuvres de ladicte ville, pour son droict de robbe, la somme de . . . . XII l.

Par sa quictan cy rend et celle de Mathias Petit pour le compte pcédent.

Folio IIIe LXIII r°.

A Jullien Destré, maistre des œuvres, et à Guilliaume Cuvillon, clercq des ouvraiges de ceste ville, la somme de seize sols p. a l'advanchement de chacun bonnetz à ladte procession comme est ann précédentes, ladte somme de . . . . XVI s.

A Jullien Destré, mre des œuvres, Franchois Gilles, clercq comis aux visitaons et Jean Lebarbier, sergeant d'eschevins, la somme de cent soixante quinze livres parisis, pour visitaons par eulx faictes à ladit charge de cette ville, par charge desd. du Magrat, comenchant le premier

---

[1] Mêmes mentions jusqu'en 1677; le compte de 1678. En 1678, Simon Volant remplace Jullien Destré comme maitre des œuvres.

de décembre XVI° quarante deux et finant au jour de tous les Saincts. XVI° quarante trois, icy ladicte.

Par estat ordonnan et quictan cy rend.

Folio III° IIII^xx x.

(Archives municipales de Lille.)

III

Au Roy.

Remonstrent très humblement les Rewart, mayeur, eschevins, conseil et huict hommes de v̅r̅e̅ ville de Lille que pour subvenir aux frais de l'érection de places propres pour y loger et accommoder la gendarmerie y estant en garnison durant ce temps de guerre ils auroient sur leur req^te esté authorisez de v̅r̅e̅ ma^té de vendre partie du domaine de lad. ville consistant en quantité de maisons et héritaiges, y estant et à la suyte de ce sens procéder à la vente au plus offrant et dernier enchérisseur d'une chocque de plusieurs maisons et demeures seantes au mylieu et plus principal endroit de lad. ville que l'on dict vulgairement le Beau-regard, lesquelles maisons estantes démolies par ordre de l'acheteur à dessin d'y faire bastir quantité d'aultres au mesme lieu, et le fond rendu ouvert seroit esté meu discours parmi tout le peuple qu'il importoit grandement pour l'embellissement et ornement d'icelle ville que lad. place demeurast comme elle se trouve à présent ouverte et aplanie pour servir de belle perspective très bien séante et convenable et celle quy comme estante à l'opposite de la maison eschevinale et aultre place publicque que l'on dict le poids appartenante à V. M. à laquelle se prend accès à tout moment, quy seroit sans comparaison plus facile que paravant et au lieu de lad. place du Beau-regard, aucuns marchands auroient suggeré au rem̅t̅s̅ de faire bastir sur un quarré entre led. endroit quy aud. cas seroit beau et spatieux, et le grand marché de lad. ville une bourse à l'usaige des marchands quy seroit environnée et enclose de plusieurs belles maisons, en l'endroit où présentement est la fontaine au chambge et à l'environ de telle extendue que le requerent les ouvraiges et structure avecq ornement et consideration, mesmes ont proposé de l'entreprendre et le tout faire à leurs frais et despens pourveu que leur soit accordé et laissé le fond à ce propre et nécessaire, et trouvans lesd. rem̅t̅s̅ y aller de la commodité publicque par dessus le grand embellissement de lad. ville quy a toujours esté tant prompte et obéissante à V. M. et S^Ar^mes prédécesseurs ils ont jugé y aller de leur debvoir de icy en faire très humble remontrants et la supplier que son Royal plaisir soit de les authorisé d'applicquer à l'effet de construire et ériger lad. Bourse et maisons à l'entour aud. endroit de la fontaine au chambge aultant de fond et extendue que l'ouvraige le requerera par l'advis d'architecte et ingénieurs et aultres en ce cognoissant leur faisant à lad. fin despescher lres au cas pertinentes quoy faisant, etc.

(Archives municipales de Lille, carton 145, dossier 3.)

IV

Lettres patentes touchant la bourse.

Philippe IV, par la grace de Dieu, Roy de Castille, de Léon &ca à tous ceux qui les présentes verront, Salut. Receu avons l'humble supplication et requête de nos chers et bien amez les Rewart, Mayeur et Echevins de notre ville de Lille contenant que pour subvenir aux fraiz de l'érection des places propres pour loger et accommoder la gendarmerie y estant en garnison durant ce temps de guerre, ayans les supplians esté de nous authorisez pour vendre partie du domaine de notre dite ville, consistant en quantité de maisons et héritaiges. Ils auroient à la suite de ce fait procéder à la vente au plus offrant et dernier encherisseur d'une choque de plusieurs maisons estant desmolies par ordre de l'acheteur à dessein d'y faire bastir quantité d'aultres, et ce fond rendu ouvert, seroit esté meu discours, parmy tout le peuple qu'il importait grandement pour l'embellissement d'icelle nostre ville, par ladite place demeuroit comme elle se trouve à présent ouverte et aplanie pour servir de prospectif très bien séant et convenable en celle part comme estant à l'opposite de la maison échevinale, et d'une aultre place publique, que l'on appelle les poids, à nous appartenant, à laquelle se prend à tous moments accès, qui seroit sans comparaison plus facile qu'auparavant, et au lieu de ladite place de Beauregard, aucuns marchands auroient suggéré aux supplians de faire bastir sur un quarré entre ledit endroit (qui audit cas seroit beau et spacieux) et le grand marché de nostre dite ville, une bourse à usaige de marchands, qui seroit environnée et enclose de plusieurs belles maisons en l'endroit où présentent est la fontaine au change et à l'environ, en telle extendue que le requeroit tel ouvrage de structure, avec ornement et considération; memes ont proposé de l'entreprendre et faire le tout à leurs frais et despens pourveu que leur soit accordé et laissé le fond à ce propre et nécessaire. Et trouvant lesdits supplians y aller de la comodité du pubicq, par dessus le grand embellissement de ladite ville, ils nous ont très humblement supplié de vouloir authoriser, à l'effet de construire et ériger ladite Bourse et les maisons à l'entour du dit endroit de la Fontaine au change, de pouvoir appliquer autant de fond et d'extendue que ledit ouvrage le requerera par advis d'architectes, ingéniaires et aultres en ce se cognoissant et sur ce leur faire despescher noz lettres patentes en tel cas pertinentes; savoir faisons que nous les choses susdictes considérées et sur icelles en l'advis, tant de notre très cher et féal cousin le comte de Rœulx, chevalier de l'ordre de la Toison d'or, gouverneur de Lille, Douai et Orchies, que de nos chers et féaulx lieutenant et aultres officiers de notre gouvernance dudit Lille et les président et gens de nostre Chambre des Comptes illecq, inclinant favorablement à la supplication et requeste desdits Reuwart, Mayeur et Eschevins de nostre dicte ville de Lille supplians. Nous leur avons octroyé, consenty et accordé, octroyons, consentons et accordons, en leur donnant congé, licence et authorité de grace spéciale par ces dites présentes qu'ils puissent et pourront à l'effet de construire et ériger ladite Bourse et les maisons à l'entour audict endroit de la fontaine au change, applicquer autant de fond et d'extendue que l'ouvraige le requerera, par advis d'architectes, ingéniaires ou aultres en ce se cognoissans, à condition toutefois que les maisons et édifices dont ladite Bourse sera environnée seront baties d'une même symétrie et structure et que pour moins incommoder les voisins les bastiments de tous costés de ladite Bourse, n'auront que trente-sept pieds de haut et que lesdits supplians devront faire transporter alieurs ladite fontaine au change, en lieu qui sera trouvé propre pour l'accomodement du publicq à charge aussy d'une recognoissance annuelle à nostre proufict de deux chappons par chacune des maisons qui seront basties à l'entour de ladite Bourse, payables à la recepte de notre domaine dudit Lille selon le coq de l'espier illecq avec obligation pareillement que le prouffict que les suppliants pourront avoir de la vente des fonds ci-dessus mentionnez sera par eulx appliqué à bon compte de ce qu'ils ont plus de besoing pour les réparations inexcutables de leurs remparts, et d'en rendre compt et renseig, avec les aultres moyens de ladite ville, par devant les commissaires ordinaires. Lesdits suppliants seront encores tenus de présenter ces présentes en nostre dite Chambre des Comptes à Lille, pour y être enregistrées et intérimées selon leur forme et teneur à la confirmation de nos droits et haulteurs, et ne seront mises aux quatre portes de ladite bourse aultres armoiries que les nostres ne soit avec nostre permission, si donnons en mandements à nos très chers et féaulx les chef, président et gens de nos privé et grand Conseil, président et gens de nostre Conseil de Flandres et nostre dict gouverneur et lesdits de nos comptes de Lille et à tous aultres nos justiciers, officiers et subjets auxquels ce peut et pourra toucher et regarder par de nostres présentes, grace, octroy, accord, authorisation et licence. Ils fascent, souffrent et laissent lesdits suppliants plainement et paisiblement jouir et user aux charge recognoissance selon et en la forme et manière que dict est, sans leur faire, mettre ou donner ni souffrir estre faict mis ou donné aucun trouble destoubier ou empeschement au contraire. Car ainsy nous plait-il, en témoing de quoy nous avons faict mettre notre grand sceel aux dites présentes données en nostre ville de Bruxelles le septième du mois de juing l'an de grace mille six cens cinquante ung de nos règnes le trente uniesme, sur le reply estait escript : Par le Roy et son Conseil, ainsy signé Routart, sur l'avant dict ply est encore escript ces lettres sont entherimées selon leur forme et teneur par les Président et gens des comptes du Roy à Lille, et de leur consentement enregistrées au registre des Chartes, y celuy commençant en juillet 1651, folio VIII et suivant, le xv⁰ de septembre XVI⁰ cincquante et ung, nous présens, R. de Vos, de Steenwyck, P. d'Ennetieres et P. de Monchaux.

(Archives départementales du Nord, registre AA, fol. 270 r⁰. Inventaire, t. II, p. 385.)

V

Touchant la bourse prétendu à ériger.

Le batiment contiendra en largeur en front regardant les prisons cent et seize pied en dehors œuvres.

De profondeur du loin des maisons à deux costez de la rue des trois couronnes aurat en dehors œuvre cent trente quatre pied.

Les maisons qui se feront en dedans la grandeur susd. auront de tout les cottez quinze pied de profondeur entre les mur le frontispice desquelles sera eslevé de grez de nette taille en pierre descocinne et agensé selon les règle d'architecture notament les portes d'entré de ladte bourse le tout ainsy que sera démontré par le modelle quy se fera à cest effest où rien ne sera espargnié pour ung plus grand embellisem.

Les gallerie ou promin de ladite bourse auront mesme largeur que lesd. maisons auront de profondeur qui sera de quinze pied lesquel seront pavé de careau de pierre descocinne brux et d'autre de pierre de brabant gry et seront le dessus desd. gallerie voutté à croix d'ogive à unne ou plusieurs clef les emparcque desquel seront rempli de bricques.

La place du millieu de ladte bourse restera grande de LXV pied de longueur et XLVII pied de largeur laquelle place sera pavé de grez à la cendrée de Tournay et ainsy faict sera entretenue aux frais desd.

comme aussy celuy des gallerie avant dictes.

Ladicte bourse aurat quatre entrées de nœuf pied de largeur lesquelles seront ornées tant à l'estérieure que intérieure au mieux possible comme avant dit et seront lesd. obligez de les faire fermer tous les jours au soir et ouvrir le matin.

Les susd. voutes couvrans lesdictes galleries seront portées par xxiiii coulombes de pierre d'escocinne de l'orde doricque lesquelles seront de grandeur convenable et proportionnée.

L'entre-deux desd. coulombes par dessus les chapiteaux sera porté par xxiiii arceures demy ronde de semblable pierre come aussy les cornices ou chambrune de dessus.

Le surplus de l'intérieur de ladicte bourse sera eslevé au-dessus desd. coulombes et arcures pour servir de frontispice aux chambres des susd. maisons quy seront prinses sur les voutes des galleries laquelle élévation pourra estre faicte de matériaux de ceste province ou seront faictes les frenestres desd. chambres hors desquelles on ne pourra jetter aucunes immondices ny choses que ce fut, et seront ornées de mollures et enrichissem convenable à un telle édiffice comme aussy les piliers et aultres parties dudt intérieur où samble aussy debvoir estre trouvé placé au dessus des quattre entrées intérieures pour quattre statues repntentes l'Europe, l'Africque, l'Asie et l'Américque.

Seront de mesme les frontispices extérieurs lesquelles seront veues des marches orné et élevé degrez comme dict est avecq les enrichissemens convenables de quelque nouvelle invention, non encore veue en ceste ville, le tout en conformité du modelle qui sera faict et approuvé par Messieurs du Magistrat.

Par dessus les frontispices tant extérieures que intérieures lesquelles seront eslevez quatorze à quinze pieds pardessus les sommets des voutes des galleries ou promains de ladicte bourse seront assizes les plattes à niveau esgal devant et derrière sur quoy seront eslevez les thoits lesquels seront couverts d'ardoises avecq aultant de frenestres qu'il y conviendra pour la commodité es donner lumière es greniers lesquels seront de bois couverts aussy d'ardoises à cul à pardevant.

Debvra sortir hors desdicts thoits par dessus les quattre entrées de ladicte bourse quelque tourillon joly au mieux agencé que sera possible pour au moien de ce donner davantaige d'embellissem aud. bastiment et donner subject au monde de contempler davantaige led. bastiment.

Par dessus ce les dessus nommez seront encore obligez de leurs frais faire une nouvelle fontaine au devant de la maison de ville en tel endroict que mesd. s du Magistrat trouveront convenir laquelle fontaine sera environnée de bailles de fer au lieu de courtinne de machonnerie afin qu'estant ainsy on puisse veoir oultre et par ainsy éviter aux immondices qui se pourroient faire à l'environ d'icelle pourquoy ainsy effectuer auront à leur prouffict les materiaulx estans à la fontaine au chambge comme aussy les grez estans au pavement du marché dans la comprinse de la place à bastir moiennant réparer la place de la maison du beauregard quy se desmolit par M° Athoine Denis et faire le tout en sorte que la ville n'en soit en rien intéressée et debvront aussy faire un goulet pour escouler les eaues sortantes de ladicte fontaine à condition de fonder le tout ceste année à fleur de terre et achever le tout au dedans l'an prochain.

Ce que aians ainsy comprins d'effectuer, Messieurs, se font fort de transporter la chapelle des ardans en aultre lieu comme aussy les bastimens y joignans et feront en sorte que ladicte place et celle où est le bastim̄ du beauregard à p̄nt fort avant desmoly demeureront widdes sans aulcun edifice ny bastiment à l'ussaige et commodité publicque.

(Archives municipales de la ville de Lille, carton 145, dossier 3.)

VI

Registres aux résolutions du Magistrat.

Le xii° de septembre dudt an (1651) au conclave la loi adjournée et assamblée fuct faict lecture des l̄res d'octroy touchant la bourse et aultres l̄res joinctes et at esté ordonné de les faire signiffier à la chambre des comptes.
    8 folio 262 r°.

Le xxi° dudt (octobre 1652) audt conclave la loy assemblée fut résolu de faire deux tourrelles à la bourse.
    8 folio 266 v°.

Le xxiii° dudt mois de may (1653) fut veue la modelle d'une porte de bois pour la bourse et at esté ordonné d'en faire une aultre pour la faire de fer ou bien pour s'en adviser.
    9 folio 6 r°.

(Archives municipales de la ville de Lille.)

VII

Compte de la ville, année 1653.

« A Frenchois de Monchy, maistre sculpteur la somme de quarante-
« huit livres parisis à luy accordé par Messieurs du Magistrat, pour et à
« tant moins de son travail fait en ladite qualité aux portes de la Bourse
« de cette dite ville, comme appert par ordonnance du ije d'aoust 1653,
« icy ladite somme xlviii l. »
    Folio 360 r° et v°.

(Archives municipales de la ville de Lille.)

VIII

Conditions pour les vingt quattre maisons qui se doivent ériger aux quattre fronts du Carré de la Bourse.

1

Primes sera fait fondation telle qu'il convient pour soutenir les mûrs de plaine macsonnerie lequel environnerat la place quy restera vide pour ladite bourse, sur lequel mur quy debvra avoir de nette macsonnerie *trois briques d'expesseur* seront assises les *vingt quattre colommes* pour porter les arcures voutes et batiments de dessus lesquelles colommes avecq leurs arcures bases et chapitaux comme aussy les soulliez desoulz lesdites colommes qui ceindront et environneront les quattre cottez de ladite bourse *seront de pierre descocinne* qui seront à livrer aux dépens de ceulx aiants les seize maisons quy auront veues avecq chambres et greniers par dessus les galleries de ladite bourse ensemble les *ancres et bariaux de fer* convenables pour toutes les voutes desdites galleries et le plomb que conviendra y couller pour y contribuer également par les propriétaires des fonds sur lesquels seront érigers lesdites maisons exceptant desdits frais les *quattre coings* avecq les maisons marquées D I Q W et debvra ce que dessus estre faict selon la grandeur et proportion qui sera désigner par Messieurs du Magistrat où leurs députez.

2

Le pavement de la place et quarré de ladite bourse comme aussy les *galleries et quattre entrées d'icelles* seront pavez au fraitz de ceste ville à ceste effect mesdits srs se réservent le pavement estant présentement audit endroict comme aussi tous et quelconque les matheriaux de la *fontaine au change.*

3

Que les voutes où caves qui se feront desoubz le susdict pavement des galleries et à l'environ seront faict de l'espesseur d'*une bricque aux frais desdits propriétaires* comme se feront de mesme les *voutes des galleries* quy seront faictes à croix d'ogives en la forme et manière que se voit poincté sur le second plan à la charge de ceulx quy auront les dessus aussi les murs extérieurs qui se peult voir par le troisième plan lequel démontre ce que chacune place doibt avoir depuis le dessus desdites galleries jusques au dehors des thoits et couvertures.

4

Les frontispices extérieurs seront faicts pour le premier estage jusques au dessus des tieulles des frenestres des premières chambres de pierre de grez le surplus au dessus jusques a trente sept pieds de haulteur en quoy seront encore deux estages et l'arcurement sera de pierre de Lezennes et de briques nettes et unies et bien agencé ainsy que tel ouvraige appartient.

5

Sera permis à tous acheteurs desdites portions de faire à chacune desdites maisons *burge droict saillant trois pieds sur les flégards* à charge de les rendre tous de haulteur égale ne fut, avecq grace et permission obtenir en plaine assemblée du Magistrat partie à qui la chose pourra toucher préalablement ouy, ne fut en desoubz desquels burge et quelque pied en dehors se pourront faire petites caves pour servir à telles commodités que chacun trouvera convenir.

6

Et comme les maisons des *quattre coings* ne peuvent avoir de caves soubz les galleries de la bourse ainsy que les aultres vingt maisons sera permis aux propriétaires de prendre sous les flégards et sur autant d'héritaige qui leur conviendra pour faire leurs caves sans pour ce paier autre chose.

7

En advenant que lesdits achepteurs trouveraient expédient d'avoir à l'environ de ladite Bourse *cinq goullot pour l'escoulement* de leurs *eaues et immondices* sera laissé à la pluralité des voix d'entre eulx d'en faire ung auquel pourront avoir accès par blanches les maisons n'y pouvant arriver ou en repcevoir bénéfice aultrement.

8

Sera permi auxdits achepteurs de, à commun despens, pouvoir *faire un bacq de plomb au millieu de la place de ladite Boursse*, lequel sera enclos de machonnerie et couvert d'une grande pierre pour dans ledit bacq pouvoir conduire l'eau de la buise de la fontaine au change hors duquel bacq lesdites vingt quatre maisons pourront tirer leurs eaux par pompe et non aultrement, et en ce cas ceulx aiant les portions voisines des coings seront obligez de livrer passaige pour lesdites buises pour les maisons desdits coings ou bien, advenant que l'on ne fit lesdits goullots pourront pour trois ou quattre maisons faire un puits pour y tirer leurs eaux, le tout ainsy qu'ilz trouveront pour ung mieux.

9

Toutes lesquelles maisons feront ensemble *un quarrée* environnant ladite bourse ou place à ce destinée aussy en quarrière et seront comblées à *deux toits égaux couverts d'ardoises* pour ceux aiant les desoubz et n'y sera faicts aucuns pignons ou fenestres flamengues de machonnerie au dehors ni dedans ains seulement des fenestres larges de deux pieds et demy au plus aussi couvertes d'ardoises à culla par devant avecq quelques pommes de cuivre doré au desus, le tout en conformité dudit model de relief sans que l'on puisse changer augmenter ou diminuer alors que sembleroit estre pour ung mieux sans préalable permission de mes d/s s^{rs} du Magistrat.

10

Lesdites ventes effectuées feront les acheteurs et chacun d'eulx faire leurs provisions de toutes choses nécessaires pour l'érection de leurs bastimens et édifices pour conjonctement faire mettre la main à l'ouvraige à l'entrée du *mois de mars* 1652 et continuer jusque à lentier achévement sans interruption faisant ce qu'il convient en tout bien et duement selon que par mesdits du Magistrat sera ordonné.

11

Les terrains provenant des fouines desdits ouvrages, tant des murs, fondations, caves comme aultrement seront menez par lesdits acheteurs ou à leurs ordres en tel endroict des remparts qui leur sera ordonné.

12

Si quelque difficultés se mouvoit entre lesdits achepteurs touchant la droiture et conduite desdits ouvraiges ou aultrement en sera sommierement décidé par mesdits s^r sans forme ni figure de procès *à quoy seront lesdits propriétaires* tenus acquiescer nonostant appel jusques à l'entier achévement de l'ouvraige par provision en bonne et suffisante caution.

13

Tous les murs de séparations tant desoubz lesdits galleries comme aultrement selon le premier plan seront monturiers et sur héritaiges communs et à communs despens et seront tous les pieds droits des caves qu'y n'auront autre chose à porter que les voutes d'icelles de deux briques despesseur et le mur extérieur comme aussy celuy d'entre les maisons selon le susdit plan aura au net par dessus le portail du fond trois bricques d'espesseur pour le moins et sera aussy eslevé jusques au second plan ou se voit que lesdits murs sont reduict à moindre d'espesseur si comme celuy extérieur a deux briques despesseur et de mesme celuy d'entre lesdites maisons et galleries de la Bourse et de tous les murs d'entrée fond réduits à brique et demy despesseur.

14

Sur le troisième plan lesdits murs réduits à brique et demy despesseur de toute part, saulf et exceptez ceulx qu'y se feront pour séparation au dessus des voutes desdites galleries lesquels pourront passer à une bricque seulement affin de ne tant charger lesdites voutes néantmoins conviendra mestre sur lesdites voutes les pieches de bois de grosseur suffisant pour éviter tout péril en l'érection desdits murs.

15

Les fondements des quattre entrées de ladite bourse comme aussi les frais des portes, tant au regard des pavés, passes, pillastres, colommes, corniches, frontispices que généralement ce qu'en dépend le tout à faire de pierre descocinne ainsi que les colommes comme dessus et comme il est tracé sur le modelle et frontispice seront aux frais et dépens de ceulx aiant acheté les vingt quattre portions susdits et ce a paier également en tous frais jusques au premier estaige seullement, le surplus demeurant à la charge de ceulx a quy le dessus appartiendra et seront tous les mathériaux a requis conforme à ceulx desdites colommes et arcures et dont sera donné appaisement qu'il convient aux députez de mesdits s^{rs}.

16

Lesdits vingt quattre maisons seront faicte de mesme aulteur, simètrie et structure suivant en toute les modelles de relief tracez tant pour le dehors que devans de ladite Bourse à charge expresse d'en suivre les molles qui seront délivrez en papier tant pour les pieds droits et couvertures, fenestres, que molures, chanbrannes et establement et que les acheteurs seront tenus de bastir conjonctement et ègallement eslever leurs ouvraiges sans que l'un se puisse nottablement advencer plus que laultre affin de tant mieux lier, unir et joindre lesdits ouvraiges et le tenir à niveau de toute part.

(Archives municipales de Lille, registre AA, fol. 271 r° et suivants.)

PARIS

TYPOGRAPHIE DE E. PLON, NOURRIT ET Cⁱᵉ
Rue Garancière, 8.

www.ingramcontent.com/pod-product-compliance
Lightning Source LLC
Chambersburg PA
CBHW030059230526
45471CB00003B/1160